AF326312

M. WILSON

PAR

Edgard POURCELLE

Avec un Portrait du Député d'Indre-et-Loire.

50 Centimes

EN VENTE

Aux Bureaux du *PETIT MESSAGER PARISIEN*
13bis, Passage Verdeau, 13bis
PARIS

1886

M. WILSON

PAR

Edgard POURCELLE

Avec un Portrait du Député d'Indre-et-Loire.

50 Centimes

EN VENTE

AUX BUREAUX DU *PETIT MESSAGER PARISIEN*

13bis, Passage Verdeau, 13bis

PARIS

1886

M. WILSON

C'est une tradition. Il est reconnu que les héritiers présomptifs de la couronne d'Angleterre se préparent aux soucis du gouvernement par la liberté, la licence quelquefois, avec lesquelles ils donnent libre cours à leurs goûts et passions de jeunesse.

Les princes de Galles sèment de toutes fleurs le chemin qui doit les conduire au trône.

Ce libertinage princier est accepté par le peuple anglais qui n'est pas fâché de voir son futur souverain épuiser la coupe du plaisir avant que le droit héréditaire l'appelle à prendre en mains les rênes du gouvernement. « Désormais, pense-t-il, le roi de lá Grande-Bretagne sera cuirassé contre les tentations de la chair qui pourraient le distraire de ses devoirs politiques. »

C'est la théorie de la vaccination passionnelle.

*
* *

Avant de penser à devenir un homme politique, M. Daniel Wilson avait mis en pratique cette théorie et abrité son âge mûr contre les chaudes séductions qui emportent la jeunesse. Issu d'une famille anglaise, il était tout naturel qu'il acceptât, mieux que tout autre, le proverbe qui dit que « jeune cheval doit toujours jeter sa gourme. »

Désireux de devenir quelqu'un en politique, M. Wilson, arrivé à l'âge de trente ans, enterrait ses folies de jeune homme et se présentait, en 1869, aux électeurs d'Indre-et-Loire en qualité de candidat de l'opposition.

La grande situation occupée dans le pays par sa famille et surtout par Madame Pelouze, sa sœur, propriétaire de ce fameux château de Chenonceaux que François Ier fit bâtir pour la duchesse d'Etampes; sa personne sympathique, la correction de son attitude politique lui valurent la majorité dans l'élection. Il l'emporta sur M. Duval, le candidat officiel, patronné d'Etat et comme savait patronner l'administration impériale.

Le vent soufflait à la liberté. La génération née en 1840, et dont était M. Wilson, trouvait lourd à ses aspirations le régime despotique imposé par le coup d'État. Elle était humiliée de voir la France de 89, de 1830 et de 48, mise au banc des nations libérales et traitée comme séditieuse quand elle réclamait « la liberté comme en Autriche ! »

M. Thiers, à la Chambre, revendiquait « les libertés nécessaires » et Napoléon III, déjà débordé, proclamait l'empire libéral.

*
* *

En se faisant élire comme candidat de l'opposition, M. Wilson était dans le mouvement.

Il s'enrôlait dans cette opposition parlementaire à laquelle les Cinq avaient fait faire la boule de neige. On comptait soixante-cinq députés comme lui qui étaient venus renforcer ce noyau de résistance, qui, la guerre de 1870 évitée, aurait forcé l'empereur à se soumettre ou à se démettre.

On l'avait déjà contraint à relever la tribune du Corps Législatif renversée depuis 1851, à restituer le droit de réunion, mitigé, il est vrai, par la présence obligée du commissaire de police, à relâcher les entraves dont le 2 décembre avait garotté la presse, de constituer enfin un ministère qui prenait l'étiquette de libéral. »

L'opposition de M. Daniel Wilson se serait-elle contentée de ces restitutions gouvernementales ? J'en doute. Toujours est-il qu'une fois l'Empire tombé et la République proclamée, il se déclara franchement républicain et que, nommé député à l'Assemblée Nationale de 1871, il appuya constamment la politique de M. Thiers, votant la déchéance de l'Empire, les préliminaires de la paix, l'abrogation des lois d'exil.

M. Wilson est un politique qui est venu à la République par logique. Sa raison, mûrie par une expérience hâtive, lui avait montré que c'était là le vrai chemin.

Avec sincérité, avec enthousiasme, il s'attacha au régime nouveau, siégeant au centre gauche. Ses ennemis l'accusèrent d'être orléaniste. On se trompait dans cette supposition, on le vit bien au 16 et au 24 mai, quand il s'agit de combattre les menées monarchistes de MM. Buffet et de Broglie et le septennat.

*
* *

M. Wilson s'est donné à la Chambre une spécialité : les questions financières. Il parle budget, impôts, dégrèvements, emprunts et déficit dans les commissions et

à la tribune. Sa compétence est aujour-
d'hui établie et un moment même il a été
question de l'appeler à la présidence de la
commission du budget et de lui confier le
portefeuille des finances.

Il eut certainement fait de bonnes finances.

Je suis de ceux qui pensent que le portefeuille des finances aurait été en excellentes
mains et je crois, sans être prophète, que
ce portefeuille échoira un jour à M. Wilson.

*
* *

Un acte important a marqué la vie pri-
vée et politique de M. Daniel Wilson,
c'est le mariage qu'il a contracté avec la
fille de M. Jules Grévy.

Les ennemis de M. Wilson ont prétendu
qu'en entrant dans la famille du Président
de la République, le député d'Indre-et-
Loire n'a envisagé que les grâces d'Etat,
qu'une alliance si honorable devait réser-
ver au gendre du chef de l'Etat et qu'ou-

bliant qu'un fauteuil n'est pas un trône et que l'autorité du magistrat suprême d'une République n'est ni hériditaire, ni aliénable, que la plus petite parcelle de cette autorité ne saurait être dévolue à quiconque par l'auguste titulaire, M. Wilson a cru faite sa fortune politique.

Ce sont là des insinuations mensongères et malveillantes qui ne sauraient atteindre un homme de la valeur de M. Wilson.

On a reproché aussi à M. Wilson de jouer au Warwick (encore une réminiscence britannique) dans les crises ministérielles et de travailler à faire des présidents de conseil comme *le Faiseur de rois* improvisait des monarques anglais.

Peut-être y a-t-il du vrai dans ce dernier reproche adressé à M. Wilson; mais qu'importe si M. Wilson sait choisir les hommes et si les conseils du gendre au beau-père ont été utiles à la République. Du reste, M. Grévy n'est pas de ceux qui se laissent conduire aveuglément et si, dans plusieurs circonstances, il a accueilli favorablement les candidats que son gendre lui recommandait, c'est qu'il avait reconnu en eux les qualités requises pour faire de bons ministres.

Pour le moment, M. Wilson se borne à remplir brillamment son mandat de député. Il y a l'étoffe d'un homme d'État en lui, mais il comprend qu'il ne faut pas qu'il se presse trop de tailler.

Tout vient à point à qui sait attendre.

M. Wilson n'aura pas à courir après un portefeuille; on le lui offrira, et non pas parce qu'il est le gendre du Président de la République, mais parce que les hommes de valeur sont rares et qu'ils s'imposent d'eux-mêmes.

*
* *

M. Wilson est à l'aurore de sa carrière politique et déjà il brille parmi les hommes politiques sur lesquels repose l'avenir de la République.

M. Wilson est ambitieux, dit-on; tant mieux. Les sots seuls n'ont pas d'ambition. Il veut devenir un homme gouvernemental, ajoute-t-on; tant mieux encore, car il travaillera pour arriver et c'est la République qui bénéficiera du fruit de ses études.

Du reste, l'ambition de M. Wilson ne peut pas donner des craintes, attendu qu'elle n'atteindra jamais la hauteur de son patriotisme.

M. Wilson est en passe de devenir quelqu'un et il n'est pas douteux que dans un avenir prochain, son nom figure parmi ceux des Grands hommes d'État qui auront droit à une belle page dans l'histoire de la troisième République Française.

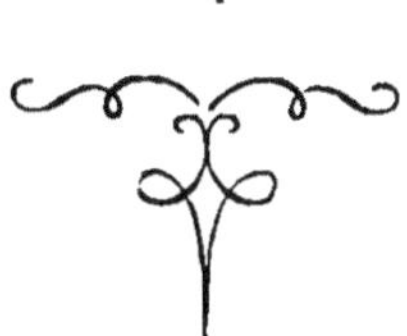

26648. — Amiens, Imp. T. JEUNET. — BOYER, Repr. 26, rue Feydeau, Paris.